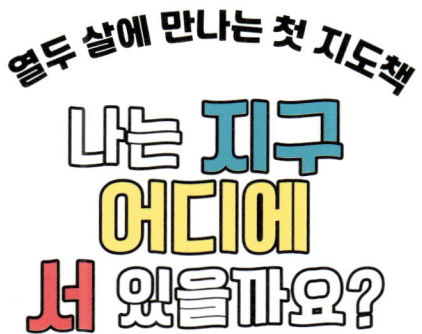

열두 살에 만나는 첫 지도책

나는 지구 어디에 서 있을까요?

글 김향금

서울대학교에서 지리학과 국문학을 공부한 뒤, 같은 학교 대학원에서 고전 문학을 전공했어요. 주로 역사와 지리 분야의 교양서와 그림책을 써 왔어요. 요즘에는 세계 문화에 관심을 두고 있답니다. 《경성에서 보낸 하루》《조선에서 보낸 하루》《예술가가 사랑한 아름다운 유럽 도시》《세상을 담은 그림 지도》《아무도 모를 거야, 내가 누군지》를 직접 쓰고, 〈한국생활사박물관〉〈우리 알고 세계 보고〉 외 다양한 시리즈를 만들었어요.
www.hyanggumkim.com

그림 박우희

대학에서 시각디자인을 전공하고 한국일러스트레이션학교(HILLS)에서 그림책을 공부했어요. 어린 시절부터 괴물과 로봇을 그리는 걸 좋아했답니다. 쓰고 그린 책으로 《산타봇-O》《괴물들이 사라졌다》가 있고, 그린 책으로 《민주주의가 왜 좋을까?》《안전 : 나를 지키는 법》《깜깜 마녀는 안전을 너무 몰라》《하루 물리》《악당 우주 돼지가 수상해》《인공 지능 판사는 공정할까?》〈생각의 탄생〉 시리즈 등이 있어요.

감수 한동균

서울교육대학교 사회교육과 교수로 예비 교사들에게 사회과(지리) 교육이 얼마나 유용하고 재미있는지 알리고 있어요. 2009년, 2015년, 2022년 개정 사회과 교과용 도서 개발 연구진과 집필진으로 참여했어요. 사회과 수업에 대한 다양한 연구와 실천을 계속해서 진행하고 있답니다. 쓴 책으로 《현대 지리교육학의 이해(공저)》《사회과 활동 중심 수업과 과정 중심 평가(공저)》 등이 있어요.

지리 톡 세계 Talk

열두 살에 만나는 첫 지도책

나는 지구 어디에 서 있을까요?

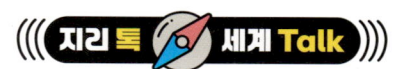

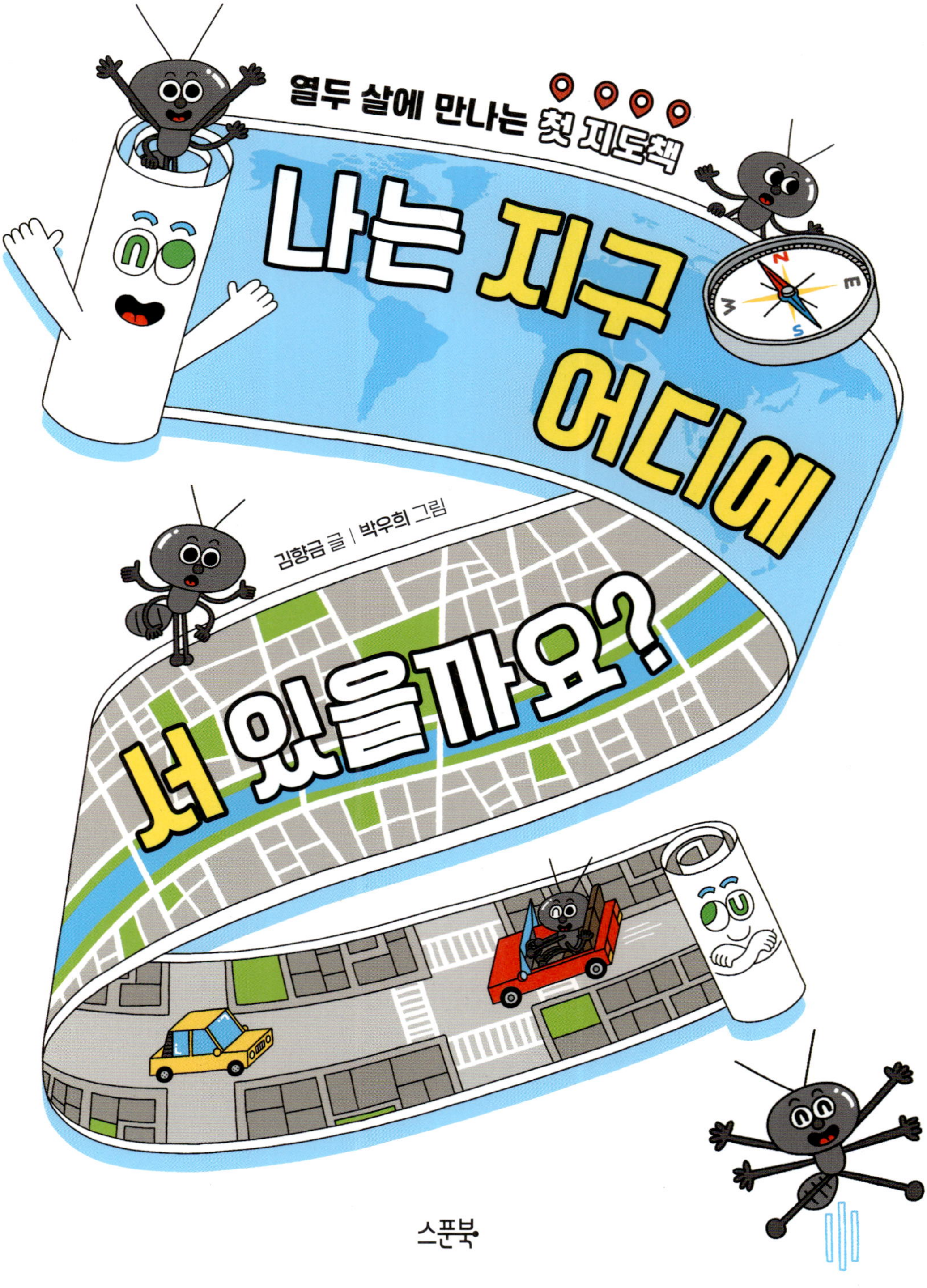

김향금 글 | 박우희 그림

스푼북

차례

작가의 말 지도를 읽으면 세상이 보여요! · 6

 **1장 지도를 읽으면, 우리 동네가 반짝!**

우리 동네에서 길 찾기는 왜 쉬울까? · 12

쓱싹쓱싹 동네 지도를 그리자! · 14

낯선 고장에서 길 찾기는 힘들어! · 18

📍**지리야, 놀자!** 방위를 찾는 방법 대공개! · 22

지도 위의 한 뼘은 실제로 얼마나 될까? : 축척 · 23

울퉁불퉁한 땅의 높낮이가 느껴져! : 등고선과 색깔 · 28

속닥속닥, 지도가 말을 건넨다고? : 기호와 범례 · 31

📍**지리야, 놀자!** 이런저런 다양한 지도 엿보기 · 34

 **2장 지도를 읽으면, 세상 구석구석이 훤히!**

지구를 제각각 모양의 지도에 담았어! · 40

이럴 수가, 정확한 세계 지도는 없다고? · 44

대단해, 우리 옛 지도! · 50

일상에서 만나는 아주 특별한 지도 · 56

 지리야, 놀자!
쾨펜 씨, 요즘 기후가 어때요? · 60

종이 지도에서 전자(디지털) 지도로 · 62

지리야, 놀자!
지도가 알려주는 세계 최고들, 모여라! · 68

지도를 읽으면 세상이 보여요!

이 책은 지도 읽는 법을 알려 주는 지도책이에요. 지도라는 말만 들어도 고개를 절레절레 흔들게 된다고요? 걱정하지 마세요! 길 찾기 선수인 사막 개미와 척척박사 지도가 여러분 곁에 있으니까요.

지도는 본다고 하지 않고 '읽는다'라고 합니다. 또 지도는 아무나 그릴 수 없어요. 오랫동안 훈련받은 지도 제작 전문가가 약속된 기호를 써서 그려야 하거든요. 이러니 지도를 지나가듯 슬쩍 보아서는 제대로 알 수 없겠지요.

스마트폰을 켜면 전자 지도가 손안에 있는데, 지도 읽는 법을 따로 배워야 하냐고요? 물론이에요! 전자 지도에서 길을 찾을 때도 내가 서 있는 위치에서 가려고 하는 장소의 방위를 맞추어야 하거든요. 그러니 지도를 읽을 수 있다면, 전자 지도도 훨씬 수월하게 다룰 수 있겠지요.

지도는 길 찾기 외에도 쓰임새가 많아요. 지도를 읽으면 우리가 어떤 장소에 가지 않더라도 그곳에 관한 풍부한 지리 정보를 알 수 있거든요.

우리나라 전도나 세계 지도를 펼쳐 보세요. 또 지구본을 돌려 보세요! 한 장소가 지구에서 어떤 위치에 있는지 눈에 들어올 거예요. 그 장소를 중심으로 울퉁불퉁한 땅, 호수, 해안가, 섬, 다양한 건축물과 항구, 철도역, 식당, 볼거리 들이 지도에 빼곡하게 표시되어 있다는 걸 알 수 있지요. 직접 가 보지 않아도 세상에 관해 많은 지식을 얻을 수 있는 셈이에요.

아주 먼 옛날, 인류는 별을 보며 '나는 이 광활한 우주에서 어디에 있을까?'라는 호기심을 품었을 거예요. 지도에서도 마찬가지예요. 지도를 읽을 때 가장 중요한 건, 바로 '내가 서 있는 곳의 위치'랍니다. 지구는 둥그니까 내 위치에 따라, 또 어느 곳을 중심에 두느냐에 따라 세상이 달라 보이거든요.

무궁무진하게 넓은 세상에서 내가 서 있는 장소가 바로 길 찾기가 시작되는 곳이라는 점, 잊지 마세요!

김향금 선생님이

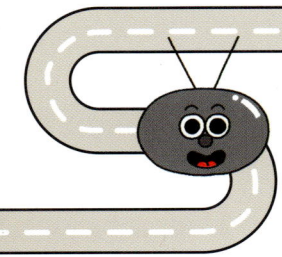

우리 동네에서 길 찾기는 왜 쉬울까?

혹시 학교 가는 길에 헤맨 적 있니? 가까운 지하철역이나 버스 정류장 가는 길에서는? 아마 동네에서 길을 잃은 적은 거의 없을 거야. 낯선 동네로 이사 왔을 때를 빼곤 말이야.

잠시 눈을 감고, 우리 집에서 학교 가는 길을 떠올려 볼까? 현관문

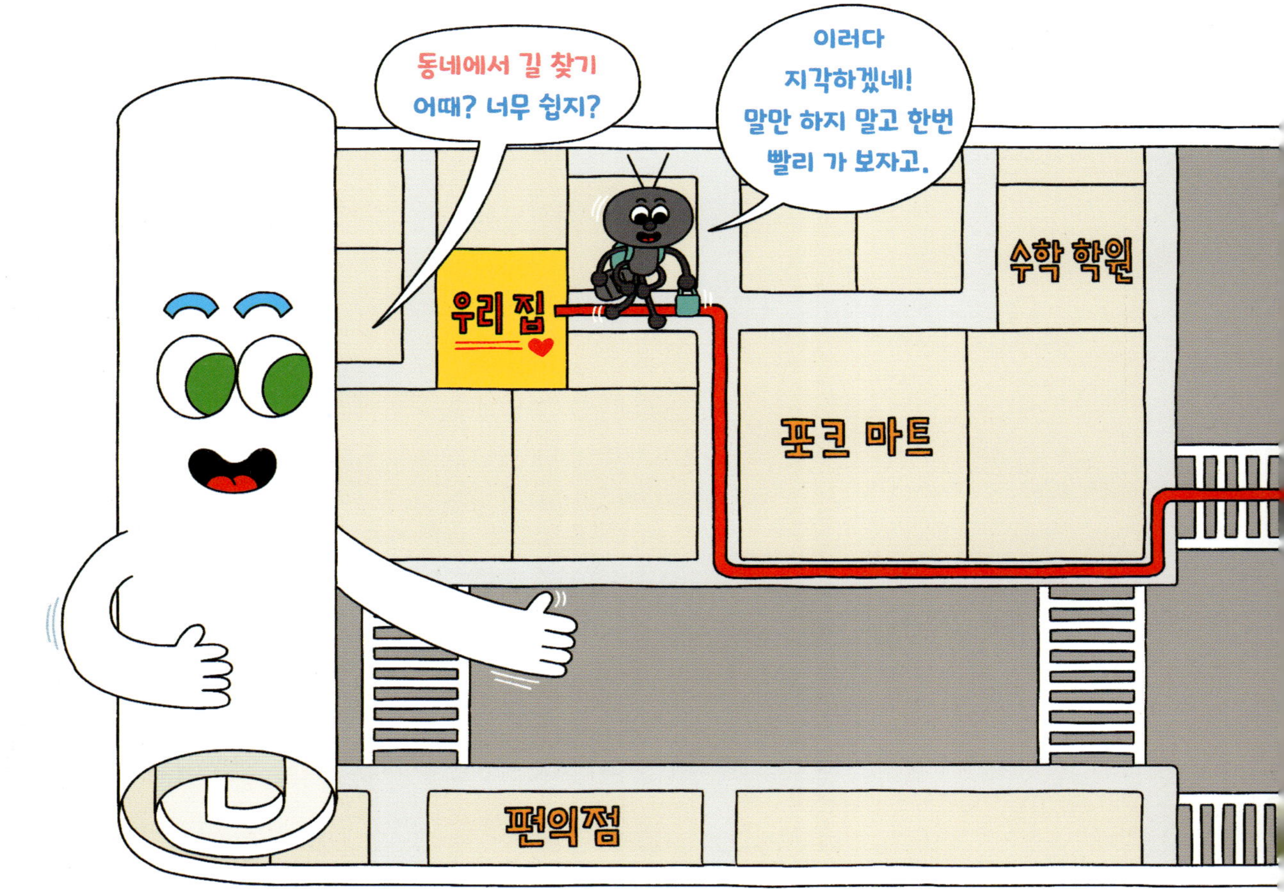

을 열고 나와서 좁은 길을 걷다 보면 양 갈래 길이 나와. 왼쪽 말고 오른쪽 길로 가다 보면 차가 씽씽 달리는 큰길을 만나지. 큰길을 따라 쭉 걸으면 우체국이 보이는 사거리가 나와. 사거리에서 길을 건넌 뒤, 은행 건물 모퉁이를 끼고 돌면 우리 학교야.

어때? 입에서 술술 나오지? 이건 머릿속에 약도가 저장되어 있어서야. '약도'란, 집에서 학교까지 가는 길에 양 갈래 길, 우체국, 모퉁이 같은 걸 성글게 그린 간단한 지도를 말해.

"양 갈래 길에서 오른쪽으로!"

"우체국 사거리에서 길 건너기!"

"은행 건물 모퉁이를 돌 것!"

머릿속에 약도가 펼쳐지면 명령어도 자동으로 튀어나와. 덕분에 동네에서는 길 찾기가 쉬운 거란다.

우리 머릿속 지도에는 자주 다니는 길과 목적지가 세세하게 그려져 있어. 그래서 옛날 옛적 지도가 없던 시절에도 사냥하러 나가서 길을 잃지 않을 수 있었지.

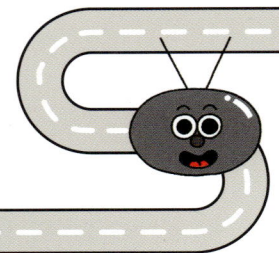

쓱싹쓱싹 동네 지도를 그리자!

집을 나서서 학교까지 가는 과정을 더듬어 볼까? 눈앞에 도로와 건물들, 건널목, 저 멀리 산이 펼쳐져. 우리는 길을 찾기 위해 주위를 두리번거리지.

이럴 때 눈에 띄는 '특별한 장소'를 찾으면 길 찾기가 한결 수월해. 이 말은, 설령 가는 길을 알더라도 특별한 장소를 놓치면 길을 헤매기 쉽다는 거지.

어떤 곳을 대표하는 지형이나 건물을 '랜드마크'라고 불러. 예를 들어 서울의 랜드마크 하면 대부분 남산에 있는 'N서울타워'를 떠올리듯 말이야. 서울 중심가인 남산 주변 어디서나 쉽게 볼 수 있고, 이를 보면서 방위나 위치를 가늠할 수 있으니까.

자, 다시 등굣길로 돌아가 볼까? 학교 가는 길에는 우체국이 랜드마크 역할을 하고 있어. 그러니까 우체국을 중심으로 학교 가는 길을 외우게 되는 거야.

만약 처음 가는 낯선 길이라면 높은 건물이나 큼지막한 간판이 걸린 건물, 색다른 장소를 나만의 랜드마크로 정해 두면 편해. 그러면 돌아오거나 다시 올 일이 있을 때 길을 잃지 않을 수 있겠지.

 랜드마크를 찾으라고? 귀찮게 말이야.

 뭐? 길을 잃는 거보단 낫지.

 길을 갈 때 모래 언덕을 군데군데 쌓아 두면 돼. 그럼 돌아올 때 헷갈리지 않으니까!

 너란 녀석……, 아예 랜드마크를 만들고 다니는구나! 근데 그게 더 귀찮지 않니?

이번에는 우리 동네에서 가장 높은 산꼭대기에 올랐어. 우아, 우리 동네가 한눈에 다 보이네!

눈앞에 푸른 호수랑 넓은 잔디밭이 있는 공원, 빼곡히 들어선 아파트 단지, 네모반듯하게 정리된 주택 단지, 차들이 바쁘게 지나다니는 도로가 펼쳐졌어. 찾았다, 우리 학교와 우체국도!

앗, 이상하다. 우리 동네 모습이 어쩐지 평소와 달라 보이는걸? 그건 아마도 산꼭대기에서 '내려다본 모습'이 낯설어서일 거야. 동네 건물이나 사람들이 개미처럼 아주 작게 보이는 것도 다르지.

이런 점에서 산꼭대기에서 내려다본 우리 동네 모습은 동네 지도와 비슷해! **지도란, 하늘에서 내려다본 땅의 모습을 아주 작게 줄인 그림**이거든. 하늘에서 내려다보아야 건물과 도로 사이의 '위치'를 정확하게 알아내 길을 찾을 수 있어. 또 지도에는 산, 강, 도로, 건물을 표시한 기호가 덧붙여지지.

산꼭대기에 오른 김에, 네모난 도화지에 우리 동네 지도를 그려 볼까? 지도를 정확하게 그리는 건 아주 어려운 일이니까, 간단한 그림지도를 그려 보기로 하자.

지도를 그릴 때는 먼저 방위를 잡아야 해. 특별한 경우를 제외하면, 지도에서는 위쪽이 북쪽이야. 그림지도에 북쪽, 남쪽, 서쪽, 동쪽을 표시해 볼까? 한가운데는 학교 건물과 운동장을 그려 넣자.

그다음 우리집 주변을 그리고, 학교까지 가는 큰 도로와 작은 도로를 그리렴. 랜드마크였던 우체국도 빼놓지 말아야지. 그밖에 자주 다니는 도서관, 문방구, 아파트 상가, 놀이터, 병원을 그려 넣으면 끝! 색연필로 알록달록 색칠해서 마무리해 보자.

드디어 우리 동네 그림지도 완성! 그림지도를 그려 보니 우리 동네 골목골목을 잘 알겠어.

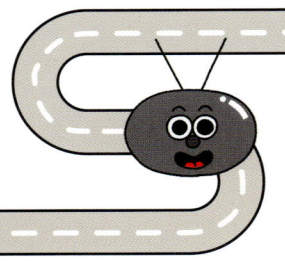

낯선 고장에서 길 찾기는 힘들어!

자, 서울에서 부산으로 가족여행을 떠났다고 상상해 보자. 아침 일찍 서울역에서 고속 철도(KTX)를 탔어. 두 시간 반 남짓이면 부산역에 도착하지.

부산 여행은 처음이라서 부산역 2층에 있는 관광 안내소를 찾았어. 관광 안내소에서 관광 지도를 얻고, 여행지도 추천받았지. 그럼 무거운 짐부터 숙소에 맡겨 놓기로 할까?

부산역을 빠져나오자 넓은 광장이 펼쳐졌어. 그런데 시끌벅적한 광장에 서자, 당장 어디로 가야 할지 갈피를 잡을 수 없어. 이쪽일까? 저쪽일까? 왼쪽일까? 오른쪽일까? 어느 쪽에서 버스를 타야 하지? 건너편인가?

낯선 곳에서는 길을 잃고 헤매는 수가 많아. 머릿속에 아무것도 그려지지 않은 텅 빈 지도밖에 없기 때문이야. 출발한 곳에서 목적지까지 가는 길도, 어느 모퉁이를 끼고 돌아야 하는지도, 심지어 어느 방향으로 가야 할지도 모르지. 아주 막막해!

이럴 때 지도를 펼치렴. 아니, 이젠 지도를 켠다고 하는 편이 맞겠네. 요즘은 '전자 지도', 다른 말로는 '디지털 지도'라고 부르는 지도를 언제 어디서나 편리하게 쓸 수 있으니까 말이야. 전자 지도든 종이 지도든, 지도는 길을 찾는 데 쓰지. 이제부터 낯선 고장에서 지도를 보며 길 찾는 법을 하나하나씩 익혀 보자.

지도에서 '내가 지금 서 있는 곳'인 부산역을 먼저 찾고, 그다음에 목적지인 숙소를 찾아야 해. 숙소는 용두산 공원 근처에 있어. 그렇다면 용두산 공원을 중심으로 찾으면 돼. 이게 바로 나만의 랜드마크인 셈이야! 지나가는 사람들에게 길을 물을 때도 "여기서 용두산 공원으로 가려면 어디로 가야 되나요?"라고 물어보면 되겠지.

길 찾기에서 제일 중요한 건, '방위'를 제대로 잡는 거야! 지도에서 '내가 지금 서 있는 곳'인 부산역을 중심에 놓고 보니, 용두산 공원은 남서쪽에 있어.

내가 북쪽을 바라보고 있을 때, 내 몸을 기준으로 동서남북은 차례대로 오른쪽, 왼쪽, 뒤쪽, 앞쪽을 가리켜. 앞에서도 이야기했지만 지도에서는 위쪽이 항상 북쪽이야. 그렇다면 길 건너편 정류장에서 왼쪽으로 가는 버스를 타자.

자, 용두산 공원을 향해 출발!

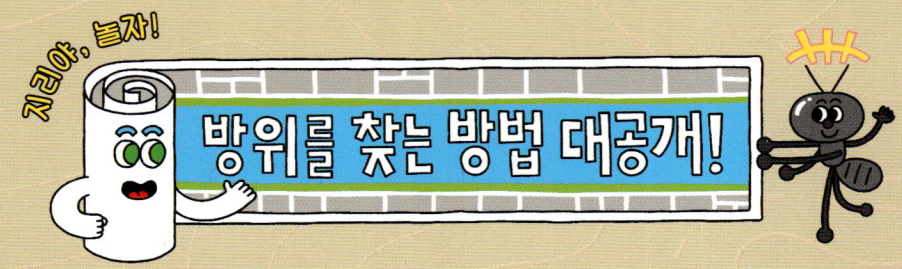

옛날에는 어떻게 방위를 알 수 있었을까? 스마트폰은커녕, 나침반도 지도도 없던 시절에는? 그때는 쨍쨍 내리쬐는 태양의 위치와 높이를 재서 방위를 알아낼 수 있었어. 태양은 동쪽에서 떠서 서쪽으로 지기 때문에 태양의 위치와 높이를 알면 대략적인 방위를 알 수 있었거든.

앗, 그럼 해가 진 후에는 알 수가 없겠네? 아니야, 깜깜한 밤에는 반짝이는 별인 '북극성'으로 방위를 알아냈어. 이름 그대로 북극성이 보이는 곳이 북쪽이니까! 그렇지만 남반구, 그러니까 적도를 중심으로 지구를 둘로 나누었을 때 남쪽에 해당하는 지역에서는 북극성이 보이지 않았어. 이때는 남쪽 하늘에서 '남십자성'을 찾아 방위를 잡았지.

나중에 나침반이 발명되고 나서야 어디서든 방위를 쉽게 알 수 있게 되었지. 나침반의 빨간색 바늘 끝 부분은 항상 북쪽을 가리키거든.

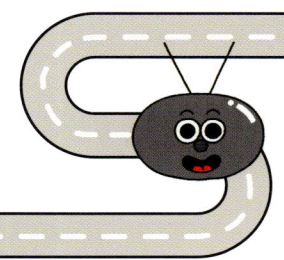

지도 위의 한 뼘은 실제로 얼마나 될까? : 축척

"꼬르륵, 꼬르륵."

방향을 제대로 잡은 덕분에 무사히 숙소에 도착했어. 근데 새벽부터 굶은 배에서 밥 달라고 아우성이야. 짐만 내려놓고 서둘러 자갈치 시장으로 점심을 먹으러 가기로 정했어.

"걸어갈까, 차를 타고 갈까?"

걷기에는 좀 먼 것 같고 차를 타기에는 너무 가까운 것 같아. 자, 이럴 땐 어떻게 할까? 지도를 펴 보렴! 지도에서 '내가 지금 서 있는 곳'인 숙소와 '목적지'인 자갈치 시장과의 거리를 손가락을 완전히 펴서 재 보았어.

"한 뼘이네."

"가깝다. 얼른 걸어가자!"

여기서 '뼘'은 엄지손가락과 다른 손가락을 한껏 벌렸을 때의 길이를 가리켜. 그다음에 숙소에서 부산역까지 거리를 재 보니 세 뼘이야. 숙소에서 자갈치 시장까지의 거리와 비교하니 거의 세 배 가까이 되는 셈이야.

지도는 커다란 땅덩어리를 줄여서 종이 위에 그리거나 또는 화면에 표현한 거잖아. 그림지도를 보면 숙소에서 자갈치 시장까지가 한 뼘인데, 실제 거리로 따지면 약 800미터야. 같은 식으로 계산하면 부산역에서 숙소까지 세 뼘이니까 실제 거리는 약 2,400미터, 그러니까 2.4킬로미터로 볼 수 있겠네.

그렇다면 미터나 킬로미터로 표현하는 실제 거리는 어떻게 잴까? 옛날에는 지도를 그릴 때 발걸음 수로 거리를 쟀어. 집에서 놀이터까지 걸음 수를 재고 대충 거리를 짐작해 보는 것과 비슷해.

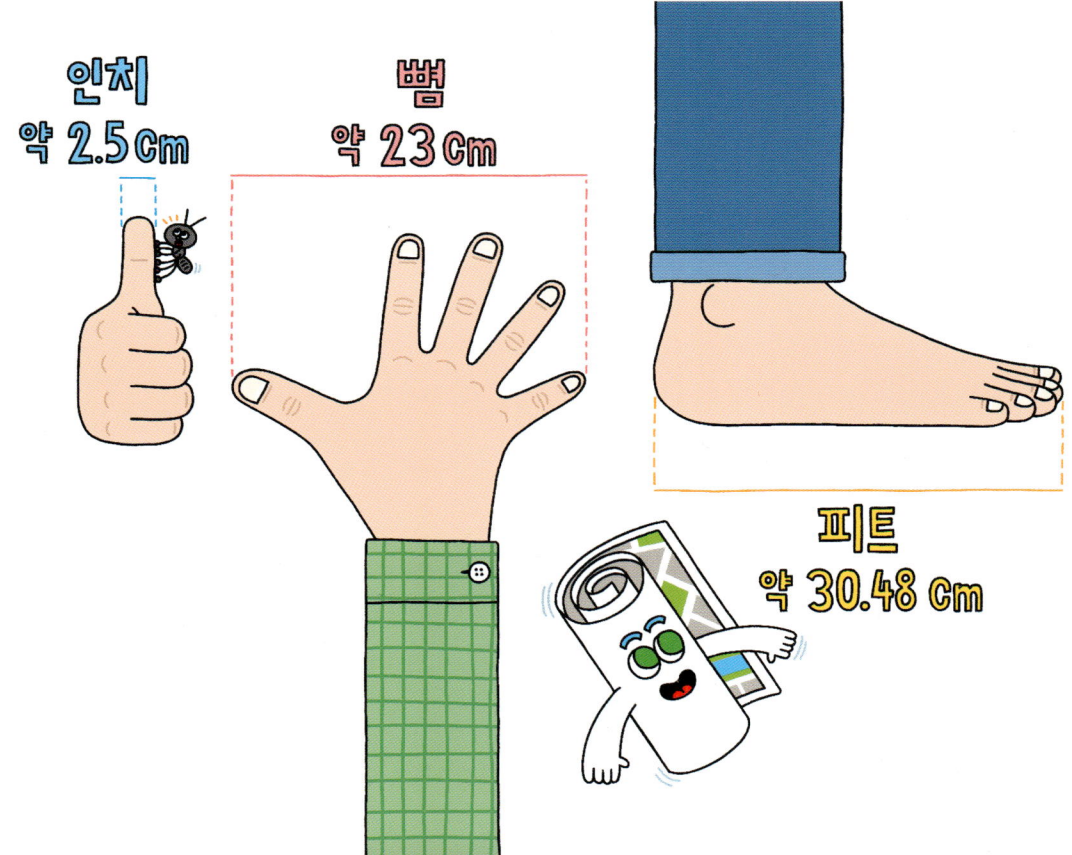

우리가 사용하는 '자'가 발명되기 이전에는 어디나 비슷했어. 대부분 사람의 몸을 이용해 길이를 쟀지. 옷 치수를 잴 때 많이 사용하는 '인치(inch)'는 엄지손가락 너비를 기준으로 삼은 단위야. 약 2.5센티미터쯤 되는 길이를 가리키지. 한 뼘, 두 뼘 할 때 '뼘'도 손가락으로 길이를 잰 거니까 이와 비슷하달까?

또 우리는 길이를 잴 때 주로 미터를 사용하지만, 미국에서는 여전히 '피트(feet)'라는 단위를 사용하고 있어. 피트는 성인의 '발뒤꿈치에서 엄지발가락'까지의 길이인 약 30.48센티미터에 해당하지.

물론 누구나 간편하게 사용할 수 있는 자가 발명되고 나서는 정확히 길이를 잴 수 있게 되었지. 지금은 항공 사진이나 위성 사진을 이용해 먼 거리도 쉽게 측정할 수 있어.

길이를 재는 방법과 단위에 대해 이야기한 건, **길 찾기에서는 방위 다음으로 실제 거리를 아는 것이 중요**하기 때문이야! 지도에서 거리가 정확하게 표시되어야 길을 제대로 찾아갈 수 있어.

아주 커다란 땅덩어리를 지도 한 장에 담을 때는 '일정한 비율'로 줄여 들쑥날쑥하지 않아야만 해. 만약 어떤 길은 크게 줄이고 다른 길은 작게 줄인다고 상상해 봐. 지도를 보고 가까운 줄 알았는데, 한없이 걸어도 목적지가 안 나온다면? 지도를 볼 필요가 없겠지.

이렇게 **지도에서 실제 거리를 일정한 비율대로 얼마만큼 줄였는지를 나타내는 표시가 바로 '축척'**이야.

축척은 지도의 쓰임새에 따라 달라져. 우리나라 전도나 세계 지도처럼 실제 거리를 아주 많이 줄인 지도를 '소축척 지도'라고 불러. 반면에 한 지역을 나타내는 관광 지도나 마을 지도는 실제 거리를 조금 줄인 '대축척 지도'라고 하지.

축척에 따라 지도에서 알 수 있는 지리 정보가 달라지기도 해. 소축척 지도는 다른 지역과 함께 볼 수 있어 우리 지역의 위치를 비교해 보기 좋아. 이와 달리 대축척 지도는 우리 지역의 자세한 정보를 속속들이 알 수 있단다.

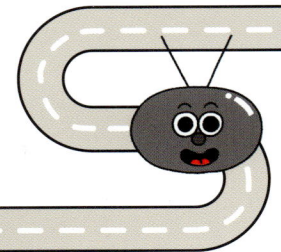

울퉁불퉁한 땅의 높낮이가 느껴져! : 등고선과 색깔

점심을 먹은 뒤, 영도에 있는 흰여울문화마을에 놀러 갔어. 가파른 절벽 끝에 있는 마을이야! 바다를 향해 난 좁은 골목을 따라 다닥다닥 집들이 붙어 있어. 한국 전쟁 때 북한에서 내려온 피란민이 모여 살던 동네였는데, 지금은 문화 예술 마을로 거듭났지. 아기자기한 골목을 걷다 짙푸른 바다를 바라보며 이야기를 나누었어.

"저녁에는 황령산 봉수대에서 야경을 보자!"

함께 지도를 펼쳐 황령산 봉수대를 찾았어. 봉수대가 있는 황령산은 해발 427.9미터로 꽤 높은 산이야.

근데 지도에 황령산 꼭대기는 짙은 색으로, 주변으로 갈수록 연한 색으로 표시되어 있어. 게다가 가는 선이 그려져 있네?

여기서 가는 선은 **땅의 높낮이를 나타내는 '등고선'**이야. 조금 설명을 덧붙이자면, 땅의 높이가 같은 곳끼리 연결해서 높낮이를 나타낸 선이라고 할 수 있지. 우리가 딛고 선 땅은 실제로 울퉁불퉁 높낮이가 있어. 이런 높낮이를 편평한 종이 위에 선으로 표현한 거야. 또 땅의 높낮이는 색깔로도 알 수 있어. 땅의 높이가 높을수록 색이 진해지거든.

그럼 등고선을 한번 읽어 보자. 등고선의 맨 가운데는 제일 높은 산봉우리야. 등고선의 간격이 촘촘할수록 경사가 급하고, 넓을수록 완만해. 촘촘하니깐 거리가 짧아 보인다고 만만하게 여겨선 곤란해. 경사가 무척 급해서 오르지 못할 수도 있거든! 그러니 계획을 짤 때 적당히 넓은 곳을 목표로 삼는 게 현명하겠지.

해가 진 뒤, 황령산 봉수대 전망대에 오르니 불빛으로 가득한 부산 시내가 훤히 내려다보였어. 부산 앞바다를 가로지르는 광안 대교와 건물들이 어우러진 야경은 환상적이었지.

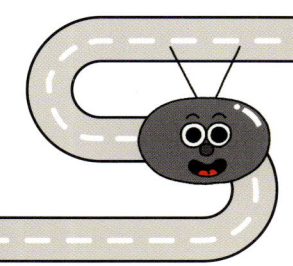

속닥속닥, 지도가 말을 건넨다고? : 기호와 범례

옛날에는 그림지도를 사용했어. 지도 위에 산, 강, 바다, 길, 집, 성곽, 봉수대를 실제 모양처럼 흉내를 내 그렸지. 하지만 오늘날에는 그림 대신 기호를 써서 간단하게 표시해. 한 장의 지도 안에 더 많은 내용을 담아야 하기 때문이지.

기호의 예를 들어 볼까? 먼저 실제 사물의 특징을 살린 기호가 있어. 가령 해안가에 있는 등대 기호(☼)는 어두운 밤바다를 밝히는 등댓불에서 따온 거야. 해수욕장 기호(⚐)는 파라솔 모양이니 알기 쉬워. 왕릉 기호(爪)는 신성한 곳이라는 걸 알리는 입구의 붉은색 홍살문을 본떠 만들었지. 목욕탕 기호(♨)는 탕에 담긴 뜨거운 물과 수증기를 표시한 거야. 이런 기호들은 대부분 보기만 해도 바로 뜻을 알 수 있어.

반면에 별다른 뜻 없이 지도에서만 쓰자고 약속한 기호도 있어. 대표적으로 광역시 또는 도청을 나타내는 기호(□)와 시청을 나타내는 기호(◎)가 있지. 철도(+++)와 도로(═)를 나타내는 기호도 마찬가지야. 또 지도에 쓰인 기호를 모아 설명해 놓은 걸 '범례'라고 불러. 범례를 보면 기호의 뜻을 쉽게 이해할 수 있어.

이렇게 기호를 알면 지도가 담고 있는 '지리 정보', 그러니까 땅의

실제 사물의 특징을 딴 기호

산 ▲   과수원 ○   학교 ⚑   논 ⊥

약속된 기호

시청 ◎   공장 ✻   우체국 ✶   철도 ┼┼┼

모양, 건물, 땅 이름 등 위치와 특징에 관한 정보를 알 수 있단다.

아, 그럼 그림지도는 이제 안 쓰냐고? 천만에! 지금도 여전히 관광 지도나 약도 등에 종종 사용되고 있어.

이런저런 다양한 지도 엿보기

아래 지도는 부산광역시를 나타낸 다양한 지도들이야. 첫 번째 지도는 생각보다 간단해 보여. 1872년에 만들어진 동래부(지금의 부산광역시 지역)를 그린 옛 지도인데, 당시 중요하게 여겼던 읍성과 봉수대, 사찰과 항구 등이 표현되어 있어.

반면에 오늘날 만들어진 부산광역시 지도는 무척이나 복잡해 보여. 그래서 지도를 읽는 방법이 중요한 거야. 물론 유명 관광지만 나타낸 그림지도는 단순해서 내용이 한눈에 쏙 들어오지.

이와 달리 위성 지도는 부산광역시의 지형을 잘 보여 주고 있어.

이처럼 지도는 같은 장소라도 목적에 따라 다양한 형태로 만들어 활용된단다.

📍 1872년에 조선에서 만든 동래부 지도예요. ⓒ규장각한국학연구원

📍 부산광역시를 표현한 그림지도예요. ⓒ부산시관광공사

📍 부산광역시를 위성으로 촬영한 위성 지도예요. ⓒ셔터스톡

지도의 세계에 뛰어들며

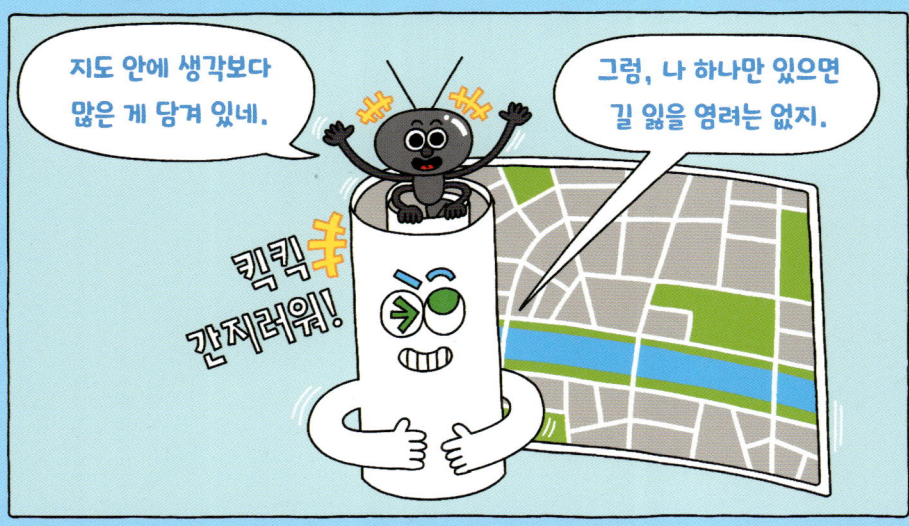

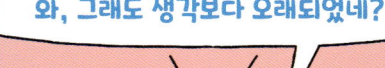

지도를 읽으면, 세상 구석구석이 훤히!

2장

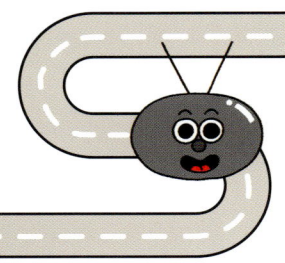

지구를 제각각 모양의 지도에 담았어!

아주 오랜 옛날부터 인류는 자신들이 사는 지구의 모습을 궁금해 했어. 갖가지 모습으로 지구를 상상하기도 했지. 고대 그리스 사람들은 나무토막처럼 생긴 지구가 물 위에 떠 있다고 믿었어. 수평선 위로 해가 솟아오르거나, 수평선 너머로 배가 사라지는 모습을 관찰하며 편평한 지구의 모습을 상상한 거였어.

그 이후로, 세계 지도에서 지구는 원반에, 타원형에, 또 오늘날 우리가 자주 보는 네모난 모양에 담기게 되었어!

맨 처음으로 살펴볼 지도는 2,600여 년 전, 지금의 이라크에 해당하는 바빌로니아에서 탄생한 최초의 세계 지도야. 지구를 접시처럼 둥글고 넓은 '원반 모양'으로 그렸어.

두 개의 원이 보이지? 안쪽 원은 육지를, 두 원 사이는 바다를 가리켜. 가로로 긴 직사각형은 바빌로니아의 수도 바빌론이야. 세로로 긴 직사각형은 유프라테스강이지. 안쪽 원 안에 그려진 작은 원은 도시를 나타내. 그럼 바깥 원 주변에 삼각형들은 뭘까? 바빌로니아

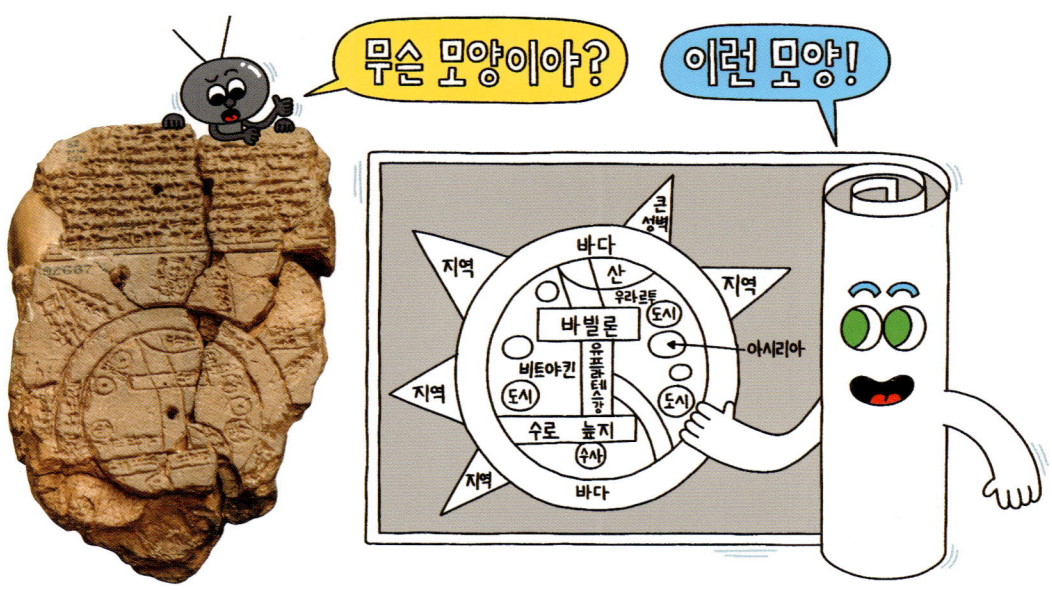

점토판으로 만든 바빌로니아의 세계 지도예요. 손바닥만 한 크기랍니다. ⓒ영국박물관

사람들이 잘 모르는 전설 속 나라를 표현한 거야. 자신들이 잘 아는 곳은 자세하게, 모르는 곳은 상상으로 그린 거지!

다음으로 150년경 고대 그리스의 수학자인 프톨레마이오스가 만든 세계 지도를 알아볼까? 특이한 건 실제 지구의 모양과 비슷한 '타원형' 지도라는 점이야. 실제 지구는 적도 둘레가 남·북극 둘레보다 더 긴 타원형이거든.

프톨레마이오스의 지도에 그어진 가로선과 세로선은 둥글게 휘어져 있어서, 우리가 아는 지구의 모습과 꽤 비슷해 보여. 또 유럽과 아시아, 아프리카를 쉽게 알아볼 수 있고, 지중해 근처는 상당히 정

📍 프톨레마이오스의 지도를 바탕으로 1400년대에 유럽에서 만든 세계 지도예요. ©Wikimedia Common

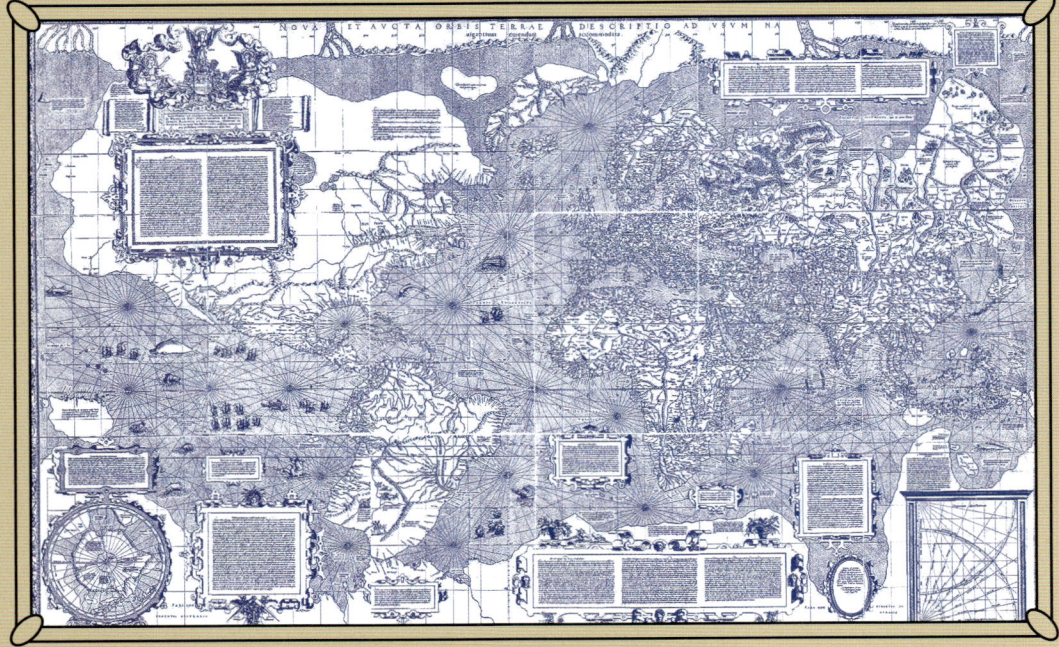

📍 메르카토르가 만든 세계 지도예요. 지도 속 위선과 경선이 만나 네모반듯한 모양을 이룬답니다. ©셔터스톡

확하게 묘사했지. 이 세계 지도는 후세에 큰 영향을 미쳤어.

마지막으로 볼 지도는 1569년에 네덜란드의 지리학자인 메르카토르가 만든 세계 지도야. 오늘날 우리가 보는 네모난 지도는 모두 메르카토르가 만든 지도의 영향을 받은 거란다.

메르카토르의 지도는 처음에 항해용 지도로 만들어졌어. 그래서 배들이 가장 빠른 뱃길을 찾을 수 있도록 각도가 정확했지. 먼바다에서는 나침반으로 방위를 잡아 목적지를 찾아야 하거든. 그때 계산하기 편하도록 위선과 경선이 직각으로 만나게 그린 거야.

메르카토르 지도는 유럽 여러 나라가 세계 곳곳을 탐험하던 시대에 만들어졌어. 덕분에 낯선 세계를 향해 떠난 탐험가와 상인들에게 크나큰 영향을 끼쳤지. 과학적인 지도를 만든 덕분에 메르카토르는 '가장 위대한 세계 지도 제작자'라고도 불린단다.

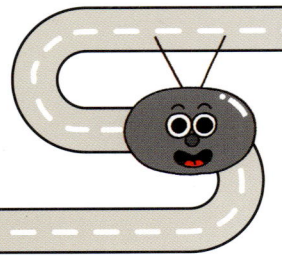

이럴 수가, 정확한 세계 지도는 없다고?

 오래전부터 세계 지도를 만드는 사람들을 끊임없이 괴롭히던 게 있었어. 바로 '지구는 둥글고, 종이는 편평하다.'는 사실이었지. 삼차원의 입체인 지구를 이차원의 평면인 종이에 옮기려면 온갖 어려운 일이 일어나거든.

 자, 아주 쉬운 예를 들어 볼게. 입체인 축구공을 세로로 길게 잘라서 납작하게 편다고 상상해 봐! 가운데는 편평하게 눌러서 펼 수 있

44

지만, 그럴수록 양 끝은 우글쭈글해지겠지? 우글쭈글한 부분에서 사실과 다른 일, 그러니까 '왜곡'이 일어나는 거야.

충격적인 사실을 털어놓아 볼까? 가장 과학적이라는 메르카토르의 세계 지도도 왜곡에 대한 비판에서 벗어날 수 없었어. 적도 부근은 무척 정확하지만, 북극과 남극에 가까운 고위도로 갈수록 실제 모습보다 훨씬 크게 그려졌기 때문이지.

가령 메르카토르의 세계 지도에서는 그린란드가 아프리카 대륙과 비슷한 크기로 보여. 실제로는 어떠냐고? 아프리카 대륙이 그린란드보다 14배나 크단다. 얼마나 왜곡이 심한지 알 수 있지?

이처럼 모양·거리·면적·각도가 모두 정확한 세계 지도는 존재할

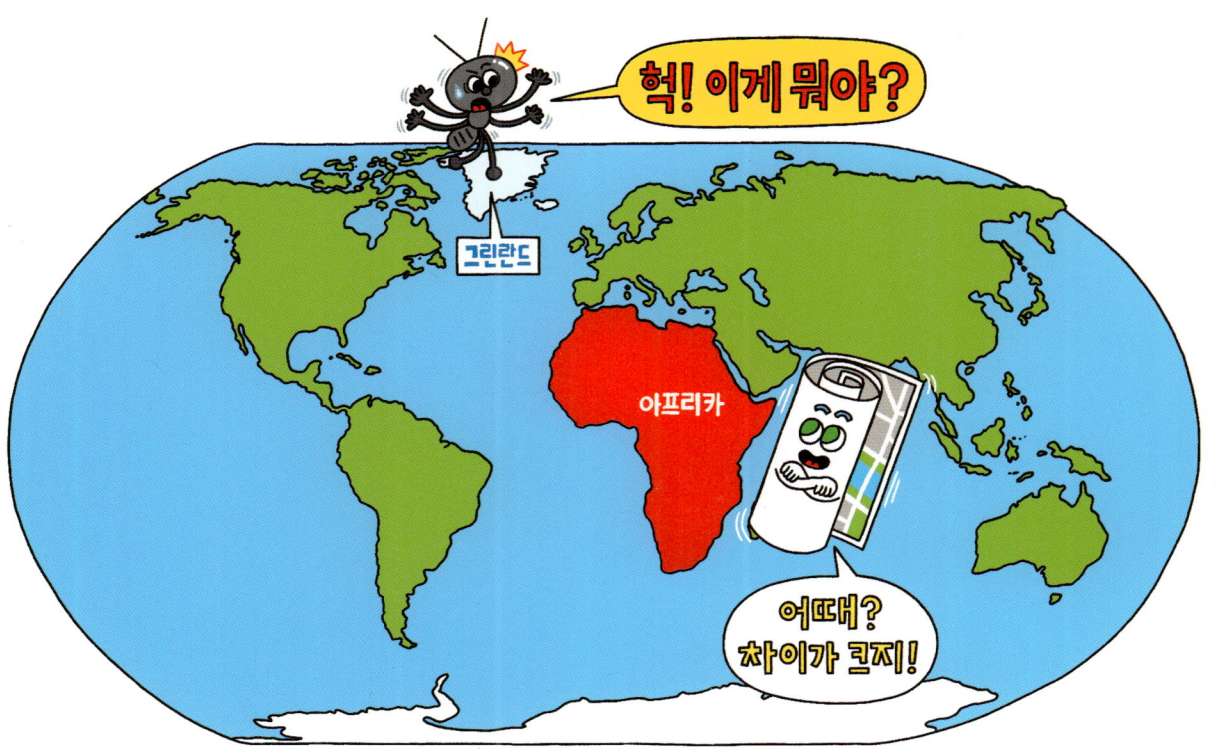

수 없어. 둥근 지구를 편평한 종이 위에 옮기는 과정에서 반드시 왜곡이 일어나거든. 즉 지도가 우리 눈을 속이는 것이지. 여기서 우리가 알 수 있는 사실은, 사용하는 목적에 맞게 지도를 고를 수 있다는 것 뿐이야!

지도의 사용 목적에 맞는 예를 들어 볼까? 만약 세계의 땅 모양과 면적을 제대로 알고 싶다면 조금 다른 종류의 세계 지도를 펼치면 돼! 미국의 학자인 로빈슨이 만든 세계 지도에서는 아프리카 대륙과 그린란드의 크기가 제법 정확하게 그려져 있거든.

세계 지도가 우리 눈을 속이는 게 또 있어. 우리는 늘 한반도와 태평양이 한가운데에 오는 세계 지도를 접하곤 해. 그러다 보니 주로 대서양이 양쪽으로 잘린 모습만 보게 되지. 유럽과 북아메리카가 아주 멀게 느껴진달까? 그렇지만 대서양 중심의 세계 지도를 보면, 두 대륙이 의외로 가깝다는 걸 알 수 있어.

지도가 낳은 또 다른 오해도 있어. 세계 인구의 대부분이 북반구에 몰려 살아. 남반구는 육지 면적이 작아서 세계 인구의 약 10퍼센트만이 살고 있지. 그래서일까? 우린 오세아니아 대륙이 항상 지구 밑바닥에 있다고 생각하곤 해.

그렇지만 지구는 둥그니까, 세계 지도에서 어느 곳을 중심에 두

📍 아메리카 대륙을 중앙에 놓은 세계 지도예요. 유럽에서 북아메리카까지 거리가 생각보다 가까워 보여요. ⓒ셔터스톡

느냐에 따라 세상이 달라 보일 뿐이지. 세계 지도를 볼 때 이런 점을 꼭 기억하렴!

그럼 둥근 지구 이야기가 나온 김에 지도와 지구본을 같이 한번 살펴볼까? 뭐가 다를까? 우선 세계 지도는 편평한 네모고 지구본은 둥글어. 한마디로 지도는 '평면'이고 지구본은 '입체'라는 뜻이지.

그렇지만 공통점도 있어. 지도와 지구본, 둘 다 가로와 세로로 선이 그어져 있다는 점! 이 선은 대체 무엇일까? 바로 위선과 경선이

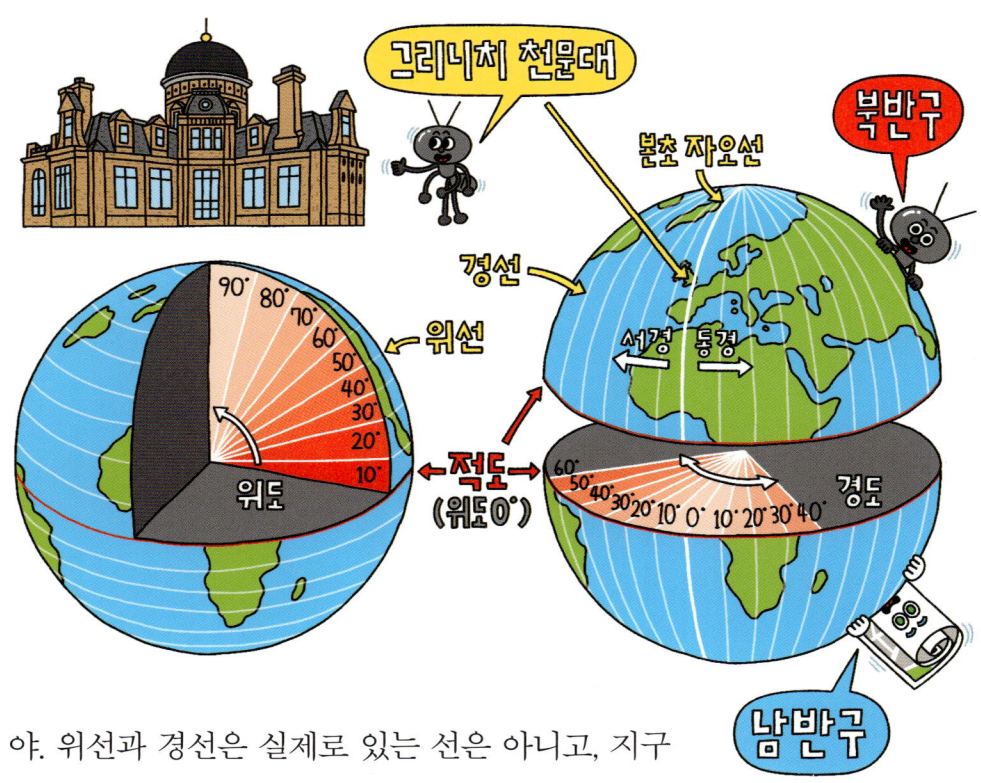

야. 위선과 경선은 실제로 있는 선은 아니고, 지구 상의 위치를 나타내는 데 쓰이는 가상의 선이란다.

위도는 적도를 0도로 정하고, 적도에서 북극점과 남극점까지 각각 90도씩 나누어 나타낸 거야. 같은 위도끼리 연결한 선이 바로 위선이야. 적도를 기준으로 북쪽은 북반구, 남쪽은 남반구라고 불러.

경선은 영국의 그리니치 천문대를 기준으로 동쪽으로 180도, 서쪽으로 180도로 나눈 선이야. 그리니치 천문대를 지나는 선을 '본초 자오선'이라고 하는데, 이 선을 기준으로 동쪽을 동경, 서쪽을 서경이라고 부르지.

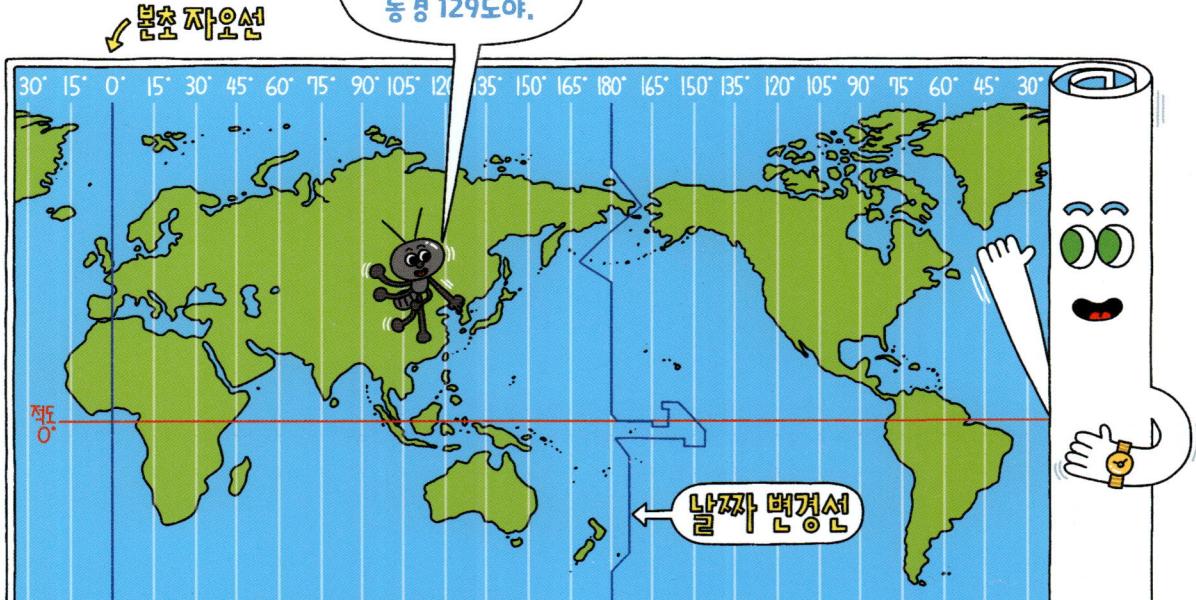

 위선과 경선을 이용하면 내가 지구 어디에 있는지 정확히 표시할 수 있어. '나 지금 부산에 있어!'를 '내 위치는 북위 35도, 동경 129도야.'라고 할 수 있는 셈이지. '지도 속 주소'라고나 할까?

 여기서 하나만 더! 날짜 변경선은 경도 180도를 기준으로 날짜가 하루씩 바뀌도록 사람들이 함께 정한 가상의 선이야. 날짜 변경선이 일직선이 아닌 이유는 한 지역에서 날짜가 달라지면 혼란이 생기기 때문이지. 그래서 같은 나라나 마을을 하나로 묶다 보니 삐뚤빼뚤해진 거란다.

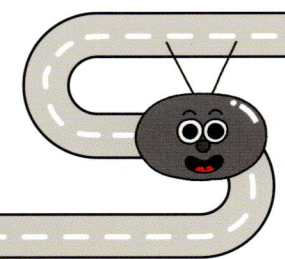

대단해, 우리 옛 지도!

자, 그럼 궁금한 점이 생겼어. 우리나라에는 세계 지도가 언제 생겼을까? 놀라지 마. 15세기 초, 우리나라에는 이미 세계 지도가 있었어. 우리 스스로 만든 지도였지. 게다가 동아시아에서 지금까지 남아 있는 가장 오래된 세계 지도이기도 해!

바로 1402년 조선 태종 임금 때 만든 세계 지도인 '혼일강리역대국도지도'야. 지도 이름이 길고 어렵지? 이름을 풀이하자면 '온 세상의 영토와 역대 도읍지를 같이 그린 지도'란 뜻이야.

귀한 비단에 지도를 그리고 화려한 색을 입혀 무척 아름다워. 크기가 가로 168센티미터, 세로 158센티미터 이르는 대형 지도지. 그래서 벽에 걸어 두고 보지 않았을까 추측하고 있어.

지도를 찬찬히 들여다볼까? 지도의 한가운데에 중국 대륙이 자리 잡고 있어. 또 실제보다 크기를 훨씬 부풀린 한반도, 크기를 상당히 줄인 이상한 모양의 일본 열도가 그려져 있지. 하지만 일본도 상당히 큰 나라야. 일본 면적은 한반도 면적의 약 1.7배나 되거든.

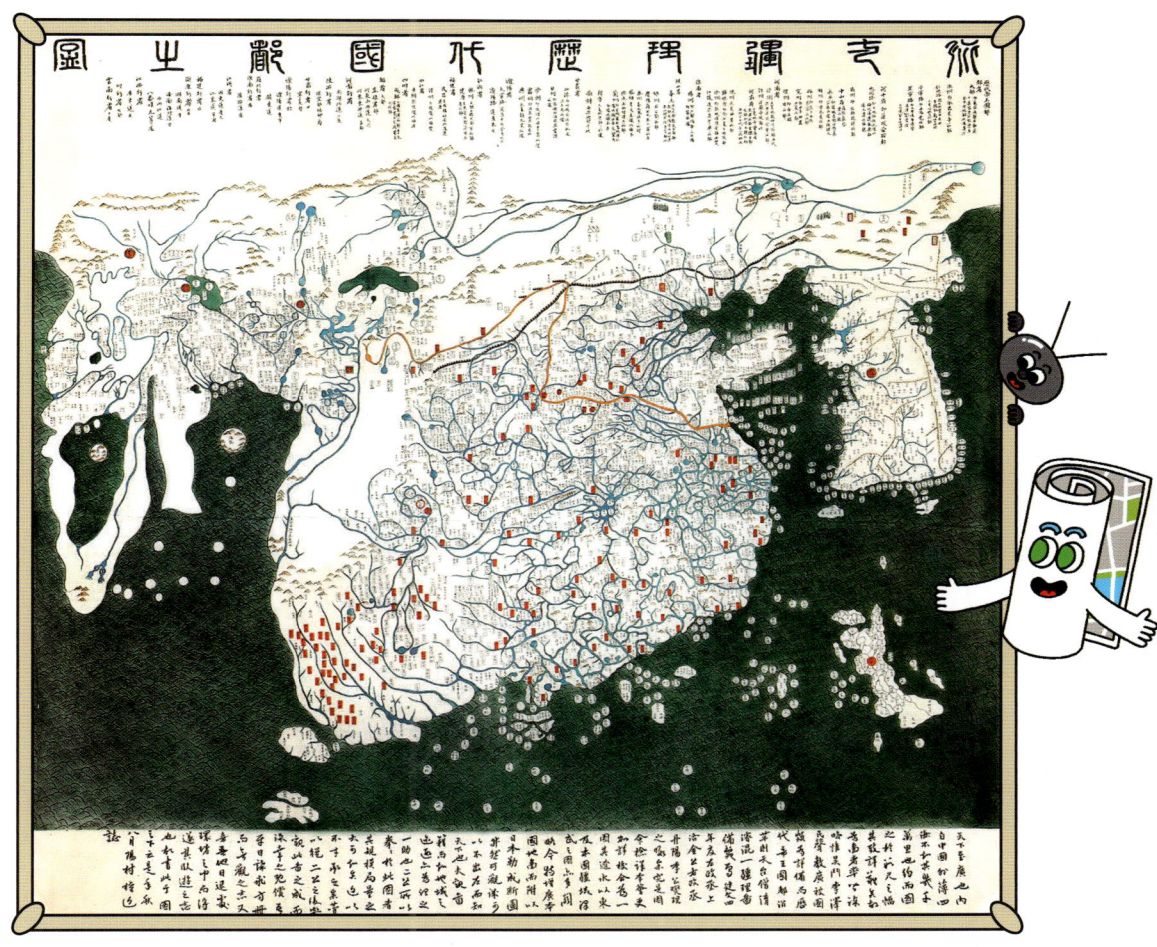

📍 혼일강리역대국도지도는 당시 세계 지도들을 참고해 새롭게 만들었다고 해요. ⓒ규장각한국학연구원

그럼 왜 사실과 다르게 그렸을까? 당시 중국은 황제의 나라였고 무척 강성했어. 반면에 일본은 훨씬 뒤처진 나라였지. 이렇듯 당시 조선 사람들이 느낀 세력 관계가 고스란히 지도에 반영된 거야.

다음으로 눈에 띄는 건 아프리카야. 놀랍게도, 혼일강리역대국도

지도는 아프리카의 모습이 제대로 그려진 최초의 세계 지도란다. 아프리카 대륙의 윤곽선이 비교적 정확하게 그려져 있고 나일강과 사하라 사막도 표시되어 있어. 유럽에서 만든 세계 지도보다 무려 백여 년이나 앞섰다고 해! 유럽은 1502년에 이르러서야 아프리카 대륙이 제대로 그려졌대. 이런저런 이유로 조선 왕조가 만든 이 세계 지도는 전 세계에서 뜨거운 관심을 받고 있단다.

다음으로 볼 옛 지도는 1820년대 김정호가 만든 지도야. 이름은 '수선전도'인데, '수선'이란 바로 서울, 그러니까 당시 한양을 뜻해.

조선의 도읍인 한양을 동서남북으로 둘러싼 낙산―인왕산―남산―북악산과 한양 성곽이 선명하고, 도성 밖 십 리까지 그려져 있어. 조선 시대에 '한양'이라 불리던 한성부는 한양 도성과 성 밖 십 리를 포함한 지역이었거든. 조선의 궁궐인 경복궁과 창덕궁, 역대 왕과 왕비의 제사를 지내는 종묘도 자세하게 묘사되어 있지.

앗, 그런데 이상하지 않아? 경복궁에는 경회루를 둘러싼 연못과 기둥만 그려져 있고 나머지는 숲이네? 그건 경복궁 건물들이 임진왜란 때 불타 없어져서 그래. 이 사실만 보아도 수선전도가 얼마나 정확하게 그린 지도인지 알 수 있지.

광화문 관청 거리와 종로 시전 거리, 숭례문 길, 청계천도 손에 닿

📍 한양과 그 주변을 묘사한 수선전도와 그중에서 경복궁 부분을 확대한 모습이에요. ⓒ국립중앙박물관

을 듯 그려져 있어. 또 작은 골목까지 세세하게 묘사했지. 세상에, 조선 왕실에서 관리하던 얼음 창고인 서빙고도 보이네!

지도를 보면 마치 19세기 한양으로 타임머신을 타고 날아간 느낌이야. 수선전도가 이토록 자세할 수 있었던 건 '실측 지도'였기 때문이야. 실측 지도란, 건물과 도로의 위치와 거리 등은 물론이고 지형의 높낮이와 면적 따위를 실제로 재서 만든 지도를 말해.

마지막으로 볼 옛 지도는 1861년 김정호가 만든 전국 지도야. 이

📍 대동여지도를 전부 펼친 모습이에요. 크기가 상상 이상으로 크답니다! ⓒ국립중앙박물관

름은 '대동여지도'. 여기서 '대동'은 조선을, '여지'는 만물을 싣고 있는 땅을, '도'는 지도를 의미해. 즉, '우리나라 지도'라는 뜻이야.

　대동여지도는 보통의 옛 지도와는 달라. 현대 지도처럼 기호와 축척을 표시했고, 또 십 리마다 점을 찍어 거리를 정확하게 나타냈지. 근대 이전에 만든 지도 중에서 가장 과학적인 지도란다.

　또 대대손손 내려온 우리 조상들의 산과 강에 대한 생각이 뚜렷하게 드러나 있어. 산줄기와 강줄기를 마치 인체의 뼈와 핏줄처럼 묘사했거든. 무엇보다 백두산에서 시작하는 산줄기가 등뼈처럼 뻗은 '백두대간'으로 이어지는 모습을 한눈에 들어오도록 그렸지.

　대동여지도는 전체 크기가 가로 약 380센티미터, 세로 약 670센티미터의 어마어마하게 큰 지도야. 세로 길이가 거의 아파트 2.5층 높이에 달하지. 하지만 병풍을 접듯이 22첩으로 접고 또 접으면 책 크기로 줄어들어. 그렇게 간편하게 휴대용으로 지니고 다니며 언제 어디서든 펼쳐 볼 수 있었어!

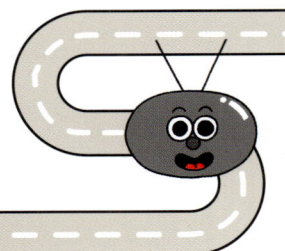

일상에서 만나는 아주 특별한 지도

지도는 크게 두 종류로 나누어 볼 수 있어. '일반도'와 '주제도'야. 이제까지 우리가 본 대부분의 지도는 일반도에 속하지. **일반도란 땅의 생김새인 '지형'을 바탕으로, 땅 위에 놓인 온갖 물체를 그려 넣은 지도**를 말해. 산, 바다, 호수, 논, 밭, 삼림, 건물, 다리, 도로 등 모든 걸 포함하지.

반면에 **주제도는 단 한 가지 목적만을 위해 그린 지도**야. 우리가 일상 생활에서 자주 쓰는 지하철 노선도나 버스 노선도가 바로 대표적인 주제도라고 할 수 있지. 지하철역에 걸린 지하철 노선도를 보면 어느 역에서 타고 내릴지, 어느 역에서 갈아탈지, 시간은 얼마나 걸릴지 단번에 알 수 있잖아.

그밖에 여행을 가면 쉽게 구할 수 있는 관광 지도, 역사 공부할 때 쓰는 역사 지도(사회과 부도가 여기 속해!), 우리나라 각 지방의 특산물을 그린 특산물 지도, 항해할 때 쓰는 해도, 인구가 주로 어디에 모여 있는지를 그린 인구분포도, 지구의 다양한 기후대를 한눈에 보여 주는 기후 지도도 있어.

'나는 지도 볼 일이 거의 없는데?'라고 생각할 수도 있어. 하지만

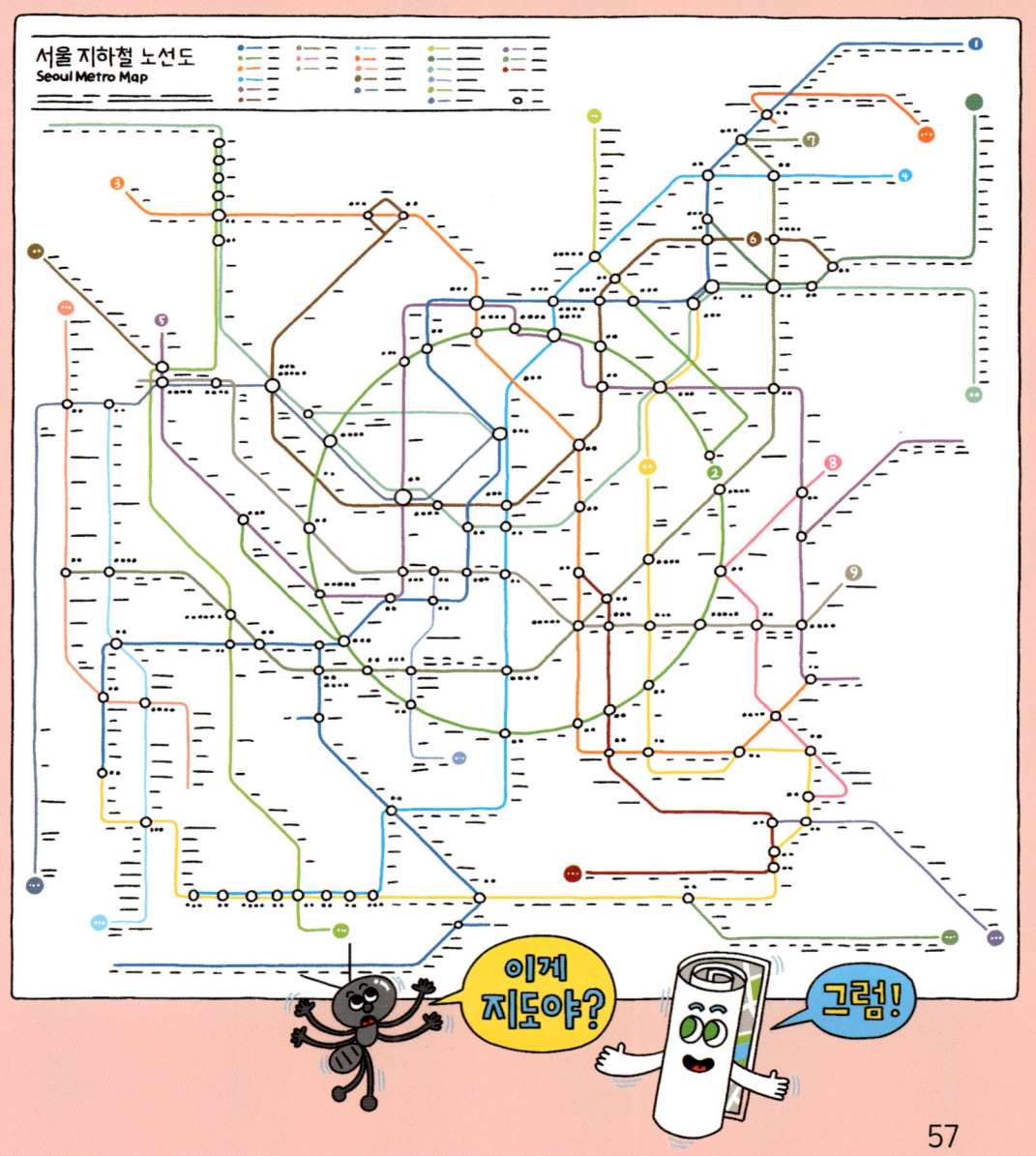

우린 거의 매일 지도를 보고 또 사용해. 앞서 이야기했듯이 지하철 노선도나 버스 노선도를 매일 보고 이용하잖아. 단지 지도를 보고 있다는 걸 깨닫지 못할 뿐이지.

현대 사회가 복잡해질수록, 이렇게 특수한 목적에 맞는 주제도가 빠르게 또 많이 생겨나고 있어. 지도를 이용하는 목적에 맞게 다양한 주제도가 그때그때 만들어지는 거야.

충북 제천시는 '제천시 신나는 어린이 놀이터 지도'를 공개하기도 했어. 제천시에서 어린이들이 맘껏 뛰어놀 수 있는 놀이터를 표시한 지도야. 어린이 놀이터, 책 놀이터, 자연 놀이터, 체험 놀이터와 주변 공원, 청소년 센터, 체육공원, 박물관, 복지관이 어디 있는지 또 언제 이용할 수 있는지 친절하게 알려주고 있는 지도지.

  이 지도만 있으면 신나게 뛰어놀 수 있겠네!

쾨펜 씨, 요즘 기후가 어때요?

알록달록한 지도가 있어. 알록달록한 색깔은 무엇을 나타내는 걸까? 바로 세계의 기후대를 표시한 지도야. 기후 지도 역시 앞서 설명한 다양한 '주제도' 중에 하나라고 볼 수 있지.

1884년, 독일의 기후학자인 쾨펜이 처음으로 기온과 강수량을 기준 삼아 세계 기후를 나누었어. 이를 '쾨펜의 기후 분류'라고 부르지. 쾨펜이 나눈 세계 기후대에 따르면, 크게 열대, 건조, 온대, 냉대, 한대 기후로 나뉘어.

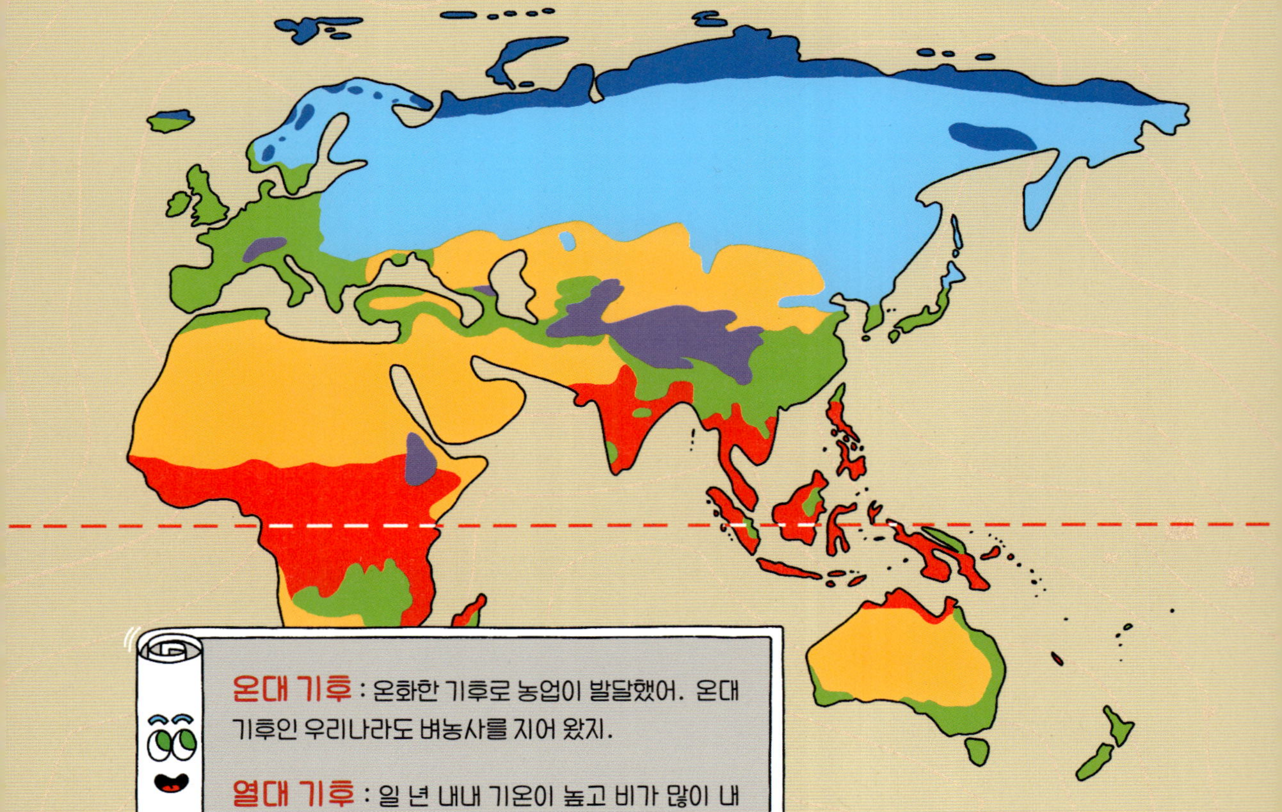

온대 기후 : 온화한 기후로 농업이 발달했어. 온대 기후인 우리나라도 벼농사를 지어 왔지.

열대 기후 : 일 년 내내 기온이 높고 비가 많이 내려. 주로 적도 부근에서 나타나.

기후는 기본적으로 위도의 영향을 받아. 적도 부근은 아주 덥고 비가 많이 내리지. 중위도 지역은 온화한 기후이고, 고위도에서 극지방으로 갈수록 혹독하게 추운 기후가 나타나.

이렇게 세계를 기후대로 분류한 쾨펜이 지금 지구를 본다면 어떨까? 아마 깜짝 놀랄걸? 요즘 지구는 기후 위기에 시달리고 있거든! 우리나라만 해도 제주도와 남해안은 아열대 기후로 변했어. 전 세계가 여름이면 폭염에 시달리고, 일 년 치 비가 하루에 퍼붓는 지역도 있어. 특히 남태평양에 있는 섬들은 해마다 해수면이 높아지면서 점차 가라앉고 있어. 아홉 개의 산호섬으로 이루어진 작은 섬나라 투발루는 2100년 이전에 바다 밑으로 가라앉을 운명에 처해 있단다.

건조 기후 : 비가 거의 내리지 않아. 주로 사막과 짧은 풀이 자라는 초원 지역에 나타나는 기후야.

한대 기후 : 평균 기온이 매우 낮아. 남극, 북극 주변인데 지하자원이 풍부하게 매장되어 있지.

냉대 기후 : 여름에는 농사를 지을 수 있지만 겨울에는 추워서 힘들어. 주로 북반구에 나타나.

고산 기후 : 해발 고도가 높은 산지에서 주로 나타나. 대부분 선선해서 도시가 발달한 곳이 많지.

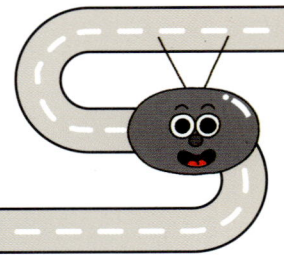

종이 지도에서 전자(디지털) 지도로

지도의 역사는 인류 역사만큼이나 오래되었어. 에이, 너무 과장한 거 아니냐고? 옛날 옛적, 사람들이 사냥해서 먹고살던 때부터 지도는 꼭 필요했어. 사냥터나 물이 있는 장소를 기억해 두어야 했거든.

이때는 그저 길가에 놓인 돌멩이나 부러진 나뭇가지로 길의 방향을 표시하는 정도였어. 물론 지도라고 부를 수 있는 정도는 아니었지만, 분명 길을 안내하는 역할을 했지.

그럼 이런 방법이 오늘날에는 싹 사라졌을까? 그렇지도 않아. 등

산할 때는 아직 같은 방법을 쓰고 있거든. 산길에서 양 갈래 길이 나오거나, 어디가 길인지 헷갈릴 만한 곳에는 나뭇가지에 눈에 띄는 색깔의 리본을 묶어 길을 알려 주곤 하니까.

시간이 흘러, 이제 간단한 그림을 땅바닥에 그려 놓기 시작했어. 숲에서는 나무둥치에, 사막 지방에서는 모래 위에, 추운 지방에서는 눈 위에 그릴 때도 있었지. 그렇지만 이런 것들은 쉽게 사라지는 게 문제였어!

차츰 사람들은 주변에서 쉽게 구할 수 있으면서도 오래가는 재료를 이용해서 그림지도를 그렸어. 편평하고 반듯한 나무껍질, 또 동물의 가죽이나 뼈도 지도를 그리기에 좋은 재료였지.

이런 재료들은 가지고 다니기에도 편리했어. 바닷가에 사는 사람

들은 야자나무 줄기에 조개껍데기를 엮어 섬의 위치나 뱃길을 표시하기도 했어.

105년경, 중국의 채륜이 종이를 만들어 사용하면서 종이 지도가 등장하기 시작했어. 종이는 지도를 그리는 데 최고였어! 넓고 평평해서 제대로 그릴 수 있는 데다 오래 보관할 수 있었으니까. 물론 종이 지도가 발명된 뒤에도, 귀중한 지도는 비단이나 양가죽으로 만든 양피지 위에 그리기도 했지.

이때만 해도 일일이 손으로 지도를 그렸어. 그러다 나중에는 목판에 새기는 인쇄술을 활용해서 대량으로 지도를 찍어 냈어. 세월이 흐르면서 지도가 널리 보급되고, 누구나 편리하게 지도를 이용할 수 있는 시대가 펼쳐졌지.

그렇게 우리는 긴 시간 종이로 된 지도를 사용해 왔어. 그러다 혁명적인 사건이 벌어졌어. 바로 지금 우리가 흔히 사용하는 전자(디지털) 지도가 탄생한 거야! 편리성과 휴대성 덕분에 전자 지도는 종이 지도를 밀어내고 대세로 자리 잡았어. 스마트폰으로 지도 앱을 켜서 보거나, 컴퓨터에서 인터넷 지도 창을 열면 바로 세세한 지도를 찾아볼 수 있지.

전자 지도는 두 가지 점에서 혁신적이야.

첫째, 전자 지도는 편리해.

편리함은 전자 지도에 '지피에스(GPS)'를 결합한 덕분이야. 지피에스는 인공위성을 통해서 내가 어디에 있는지 '내 위치 정보'를 실시간으로 알려주는 신호라고 할 수 있어. 우리가 일상생활에서 흔히 사용하는 내비게이션이—줄여서 '내비'라고 부르는—바로 지피에스를 이용한 장치야. 내비를 켜서 출발지와 도착지를 입력하면, 언제 어디서나 단박에 길을 찾을 수 있지!

둘째, 전자 지도에는 풍부한 지리 정보가 들어 있어.

이건 '지리 정보 시스템(GIS)' 덕분이야. 지리 정보 시스템이란, 인공위성에서 관측한 온갖 지리 정보를 활용할 수 있도록 만들어 주는 시스템이야. 이를 이용해서 지도를 만들거나

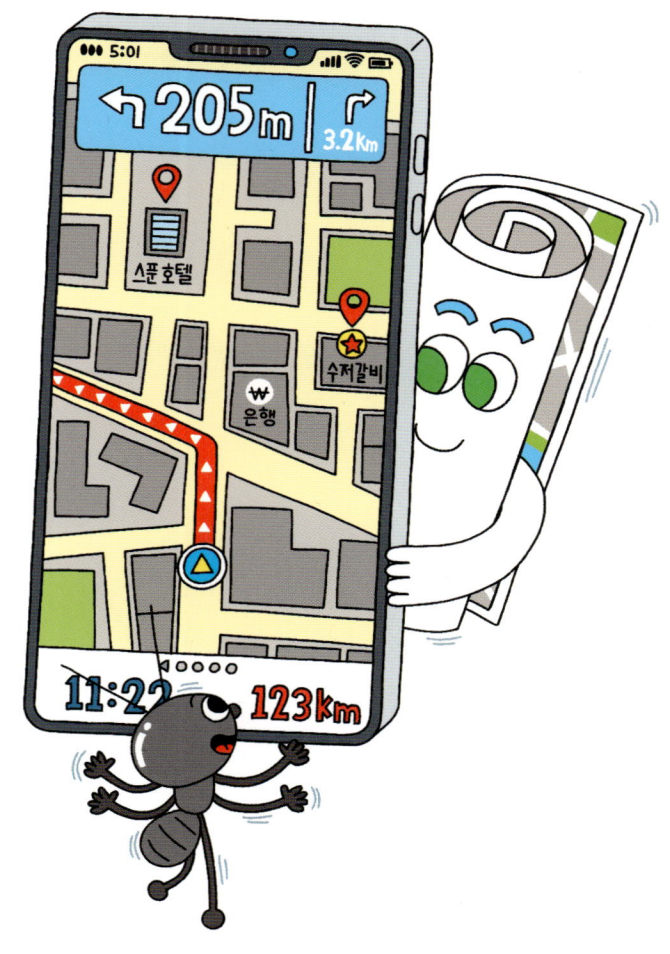

최신 정보로 업데이트하지.

지리 정보 시스템의 데이터가 실린 전자 지도에서는 실시간 교통 정보나 주유소, 식당, 호텔, 유명 관광지 같은 풍부한 지리 정보를 언제 어디서나 쉽게 얻을 수 있어.

예전에는 여행을 떠날 때면 관광 지도를 따로 챙겨야 했어. 그렇지만 요즘에는 출발해서 도착할 때까지 길 안내는 물론, 목적지 주변의 지리 정보도 전자 지도에서 손쉽게 얻을 수 있지.

전자 지도는 길 찾기에도 쓰이지만, 희귀한 옛 지도나 다양한 주제도를 간편하게 볼 수 있도록 도움을 주기도 해. 예를 들어 인터넷에서 '서울대학교 규장각 한국학 연구원'에 들어가서 고지도를 검색하면 다양한 옛 지도를 높은 해상도로 쉽게 구경할 수 있어.

또 지방 자치 단체의 홈페이지에 들어가면 그 지역의 관광 지도를 쉽게 다운로드 받을 수 있지. 만약 경주에 여행을 가려고 한다면, '경상북도 경주시' 홈페이지에 들어가서 경주시 관광 지도와 먹거리 추천 코스를 바로 안내 받을 수 있는 거야.

우아, 전자 지도는 우리가 사는 세상을 완전히 바꾸어 놓았어. 더 편리하게, 더 가깝게, 더 다양하게! 우리 삶에 꼭 필요한 지도를 쉽게 접할 수 있는 세상이 온 거야.

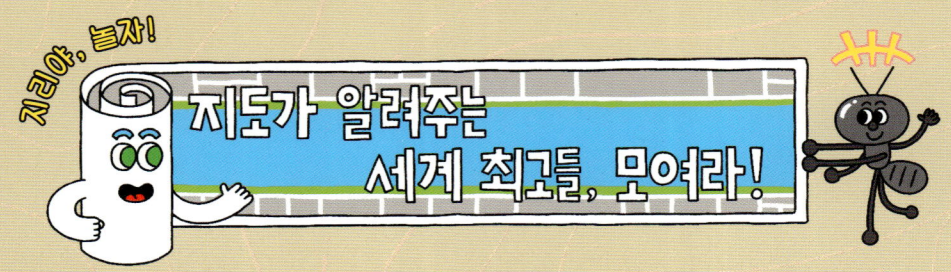

지도가 알려주는 세계 최고들, 모여라!

　세계에서 가장 넓은 나라는 어디일까? 1위는 러시아야. 세계 지도를 펼치면 러시아부터 눈에 들어오지. 유럽과 아시아 대륙에 걸쳐 가장 넓은 땅을 차지하고 있으니까. 2위는 캐나다, 3위는 미국이고 그 뒤를 중국이 바짝 잇고 있어. 그리고 브라질, 오스트레일리아, 인도, 아르헨티나, 카자흐스탄, 알제리 순서로 땅이 넓어. 우리나라? 남북한을 합한 한반도 크기는 22만 제곱킬로미터로 85위에 해당한단다.

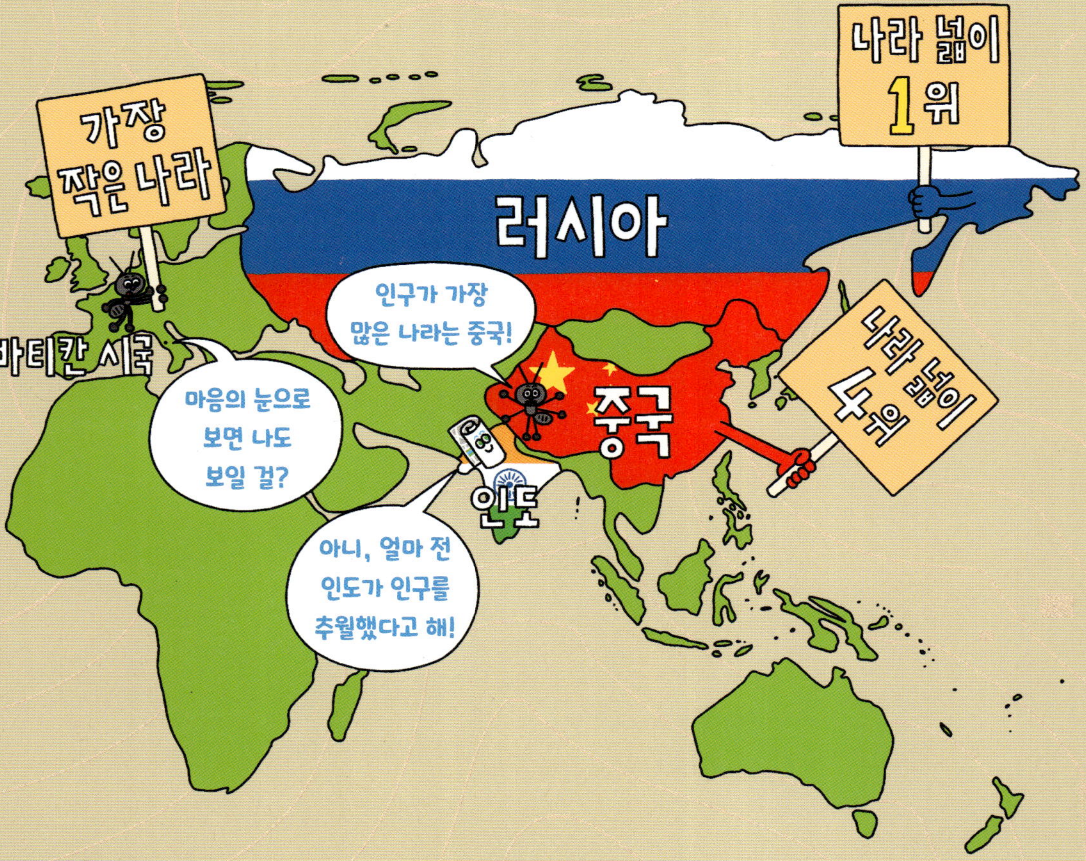

그럼 가장 작은 나라는 어디일까? 이탈리아의 수도 로마 안에 있는 바티칸 시국이야. 세계 가톨릭의 중심지라고 할 수 있지. 그다음으로 모나코, 나우루 공화국이 뒤를 잇고 있어. 주로 도시 국가 또는 섬나라야.

그럼 세계에서 가장 긴 나라는 어디일까? 남아메리카 대륙에 남북으로 길게 자리한 칠레야. 세계에서 가장 큰 바다인 태평양과 세계에서 가장 긴 안데스산맥 사이에 있어. 칠레는 동서로 좁고 남북으로 길게 생긴 영토로 유명해. 남쪽 국경에서 북쪽 국경까지 길이가 약 4,300킬로미터나 되지. 서울에서 부산까지 경부 고속 도로의 길이가 약 400킬로미터 남짓이니까, 열 배를 훌쩍 넘는 셈이야. 이렇게 길다 보

니 한 나라 안에서도 무척 다양한 기후가 나타나. 북부는 사막 기후, 중부는 지중해성 기후, 남쪽 제일 끝은 빙하가 있는 한대 기후이지.

그럼 세계에서 가장 높은 산은? 잘 알다시피 에베레스트산(8,848미터)이고 그 뒤를 K2(8,611미터)와 칸첸중가산(8,586미터)이 잇고 있어. 2020년에 에베레스트산의 높이가 86센티미터 정도 더 높아졌대! 2020년 네팔과 중국이 함께 높이를 재면서 정상에 쌓인 눈높이를 포함시켜서 그랬다고 해.

이번에는 바다로 가 볼까? 세계에서 가장 깊은 바다는 태평양 필리핀 부근의 마리아나 해구야. 깊이가 약 1만 1천 미터인데, 모든 바다 중에서 가장 깊지. 대서양에

서는 푸에르토리코 해구가, 인도양에서는 자바 해구가 그 뒤를 잇고 있어.

세상에서 가장 큰 바위는 오스트레일리아 사막 지역에 있는 울루루야. 흔히 '아웃백'이라 부르는 높이 348미터, 둘레 9.5킬로미터에 달하는 거대한 바위지. 원주민한테는 신성한 곳으로 여겨지는 장소야. 햇빛을 받으면 짙은 붉은색으로 빛나는 모습이 무척 멋지단다.

세계에서 가장 큰 산호초 지대는 오스트레일리아의 북동부 해안에 있는 대보초야. 수천 개의 산호초로 이루어졌는데 길이가 장장 2,000킬로미터에 달하지.

 그럼 여기서 문제! 대한민국과 가장 먼 곳에 있는 나라는 어디일까?

 제일 먼 곳? 남극인가? 아니면 아프리카?

 이래서 지구본이 필요한 거라니까. 축구공에 찍은 한 점에서 가장 먼 곳은 어디겠어? 축구공의 정반대 쪽이겠지? 지구본에서 우리나라 정반대 쪽에 있는 나라는 남아메리카 대륙의 우루과이야.

열두 살에 만나는 첫 지도책
나는 지구 어디에 서 있을까요?

초판 1쇄 발행 2025년 9월 29일

글 김향금　**그림** 박우희　**감수** 한동균
발행처 주식회사 스푼북　**발행인** 박상희　**총괄** 김남원
편집 길유진 박선정 이민주 이지은
디자인 권수아 정진희　**마케팅** 박병건
출판신고 2016년 11월 15일 제2017-000267호
주소 (03993) 서울시 마포구 월드컵북로6길 88-7 ky21빌딩 2층
전화 02-6357-0050(편집) 02-6357-0051(마케팅)
팩스 02-6357-0052　**전자우편** book@spoonbook.co.kr

ⓒ 김향금, 박우희 2025
ISBN 979-11-6581-606-3 (73980)

* 저작권법에 의하여 한국 내에서 보호를 받는 저작물이므로 무단 전재와 무단 복제를 금합니다.
* 잘못 만들어진 책은 구입하신 곳에서 바꾸어 드립니다.

제품명 나는 지구 어디에 서 있을까요?	⚠ 주 의
제조자명 주식회사 스푼북 ｜ 제조국명 대한민국 ｜ 전화번호 02-6357-0050 주소 (03993) 서울시 마포구 월드컵북로6길 88-7 ky21빌딩 2층 제조년월 2025년 9월 29일 ｜ 사용연령 10세 이상 ※ KC마크는 이 제품이 공통안전기준에 적합하였음을 의미합니다.	아이들이 모서리에 다치지 않게 주의하세요.